Ein Schlüssel, um in der Liebe zu bleiben

Greg Violi

Der Überwinder
Verlag

Ein Schlüssel, um in der Liebe zu bleiben

Verleger: Der ÜBERWINDER Verlag
Astrid-Lindgren-Str. 8, 33107 Bad Salzuflen, Deutschland

Übersetzung: Klaus Püblichhuisen
Cover: Jemima Schönthal
Druck: "THERISMOS" Sp. z o.o., ul.Sztabowa 32, 50-984 Wrocław, Polen.

Weitere Informationen über den Autor und Inhalt, sowie die Möglichkeit Greg Violi zu kontaktieren oder einzuladen, finden Sie auf der Webseite: www.greg-violi.com. Besuchen Sie www.erweckt.de um Videos und Predigten des Autors mit unterschiedlichen Übersetzungen zu erhalten.

„Wie mich der Vater liebt, so liebe ich euch. Bleibt in meiner Liebe!“

Johannes 15, 9

„Bleibt fest in der Liebe Gottes!“

Judas 21

Inhaltsverzeichnis

KAPITEL 1

DAS GÖTTLICHE GEBOT ZU LIEBEN

„Ein neues Gebot gebe ich euch, dass ihr einander lieben sollt, damit, wie ich euch geliebt habe, auch ihr einander liebt."

Johannes 13, 34

Dies ist ein klarer und direkter Befehl von Gott, dass jeder Christ seinen Bruder und seine Schwester lieben soll, ja genau so liebt, wie Jesus uns liebt. Wenn ein gläubiger Mensch seine gläubigen Mitchristen nicht mit der reinen Liebe Gottes liebt, dann lebt er in Rebellion. Erst wenn wir uns gegenseitig lieben, genau so wie Jesus uns liebt, können wir einen weiteren Auftrag von Gott empfangen. Ein Offizier würde einem seiner Soldaten nie einen weiteren Befehl erteilen, der seinem letzten Befehl noch nicht gehorsam gewesen ist. Der *König der Könige* erwartet und verlangt von Seinen Kindern Gehorsam, denn was Er spricht, ist ein Befehl und kein Vorschlag. Viele Seiner Kinder wollen gerne wissen, was sie in ihrem Leben tun sollen; doch da gibt es zwei klare Befehle, denen sie zuerst gehorchen müssen, bevor Er den nächsten Befehl erteilt, nämlich jeden gläubigen Mitchristen zu lieben und immer in der Liebe zu wandeln und in allem dankbar zu sein (Johannes 13,34; 1. Thessalonicher 5,16-18; Epheser 5,20).

Als Jesus seinen Jüngern befahl, vollkommen zu sein, wie ihr Vater im Himmel vollkommen ist (Matthäus 5,48), meinte er damit, in der Vollkommenheit der Liebe Gottes zu wandeln (Matthäus 5,38-48).

Das Leben eines Christen ist eigentlich das wirkliche Leben einer anderen Person in diesem Christen, und diese Person ist der auferstandene und in den Himmel erhöhte Christus. Und es ist Sein Leben, das erfüllt ist mit der reinen Liebe. Diese ist das Wesen der Liebe Gottes und das Leben Seines Sohnes. Das christliche Leben ist „jemand" und nicht „etwas". Wenn es nur ein „Etwas" wäre, dann wäre es etwas, das aus unserem natürlichen Selbst hervorgebracht wird. Aber wenn es ein „Jemand" ist, dann ist es ein Leben, das von einer anderen

Ebene herkommt. Unsere Aufgabe ist es, ein Gefäß für dieses göttliche Leben oder Seiner Liebe zu sein, und nicht zu versuchen, diese aus uns selbst hervorzubringen. Es ist Sein Leben, das durch unsere Persönlichkeit und unsere Leiber fließt, und nicht unser natürliches Leben, das versucht, Sein reines Leben in uns in Gang zu bringen.

Wir werden niemals der Liebe hingegeben sein, bis wir zuerst verstanden haben, dass Liebe ein göttliches Mandat von höchster Wichtigkeit ist. Das größte Gebot ist zu lieben (Matthäus 22,36-40: *„Meister, welches ist das größte Gebot im Gesetz? Und Jesus sprach zu ihm: Du sollst den Herrn, deinen Gott, lieben mit deinem ganzen Herzen und mit deiner ganzen Seele und mit deinem ganzen Denken. Das ist das erste und größte Gebot. Und das zweite ist ihm zu vergleichen: Du sollst deinen Nächsten lieben wie dich selbst. An diesen zwei Geboten hängen das ganze Gesetz und die Propheten.“*)

Das ganze Gesetz und alles, was die Propheten zu sagen hatten, kann in einem Wort zusammengefasst werden, nämlich in dem Wort „Liebe“ (Matthäus 22,40; Römer 13,9-10: *„so ist nun die Liebe die Erfüllung des Gesetzes“*).

Eine Person kann die größten Gaben des Glaubens und der Prophetie besitzen, hat sie aber keine Liebe, so ist sie in den Augen Gottes nichts (1. Korinther 13,2). Ein Mensch kann in der höchsten Sprache der Menschen und der Engel reden, doch sollte er oder sie keine Liebe haben, dann sagt der Himmel dazu, dass er oder sie nur ein tönendes Erz oder eine klingende Schelle ist (1.Korinther 13,1). Worauf der Himmel achtet, ist die innere Einstellung eines Herzens. Auf der Erde sieht man nur auf das äußere Erscheinungsbild (1.Samuel 16,7). Was Menschen als so beeindruckend bewerten, mag Gott als ein Gräuel erscheinen (Lukas 16,15). Auf Erden gibt es unterschiedliche Maßstäbe; aber der Himmel kennt nur einen Maßstab, und der ist die Liebe (Galater 5,6: *„Glaube, der sich durch Liebe wirksam erweist"*; 1.Kor.13,13: *„diese drei; am größten aber unter diesen ist die Liebe"*; 1.Kor.16,14: *„Alles bei euch geschehe in Liebe!"*; Römer 13,8: *"Seid niemand etwas schuldig, außer dass ihr einander liebt; denn wer den andern liebt, hat das Gesetz erfüllt"*).

Jesus sagte, dass wir immer in seiner Liebe bleiben und so weiter leben sollen (Johannes 15,9: *„Bleibt in meiner Liebe!"*). Judas, der Bruder des Jakobus, sagt in seinem Brief, Vers 21:

„und bewahrt euch so in der Liebe Gottes". Ein Mensch kann niemals die äußerste Wichtigkeit des Bleibens in der Liebe erfassen, bevor er nicht zuerst das kompromisslose Urteil des göttlichen Gesetzes gegen jeden, der diese Gesetze bricht, erkannt hat. Das Gesetz des Königs ist kompromisslose Liebe. Nur die Liebe ist die Erfüllung des königlichen Gesetzes, und jeder, der das königliche Gesetz bricht, unterliegt einem Urteil, und die Diener des Königs werden disziplinarisch dagegen vorgehen. Lasst uns bitte die folgenden Bibelstellen beachten:

1. Matthäus 18,34.35: *„wenn ihr nicht jeder seinem Bruder von Herzen vergebt"*
2. Matthäus 23,27-32: *„und ihr macht nur das Maß eurer Väter voll"*
3. Römer 13,8-10: *„wer den andern liebt, hat das Gesetz erfüllt"*
4. 2. Korinther 12,20; 13,3
5. Galater 5,14-15: *„das ganze Gesetz ist in einem Wort erfüllt...deinen Nächsten lieben"*
6. Galater 6,7-8: *„Denn was der Mensch sät (...)wer aber auf den Geist sät..."*
7. Hebräer 10,26-31

8. Jakobus 2,8-12: *„...wenn ihr das königliche Gesetz erfüllt...“*
9. Jakobus 4,11-12: *„Einer ist der Gesetzgeber und Richter, der retten u. verderben kann“*
10. 2. Petrus 2,19-22: *„...den Befleckungen der Welt entflohen, aber wieder in diese...“*

Das Urteil ist sicher: *Dem Gesetz der Liebe* muss man gehorchen, oder es wird Konsequenzen geben. Johannes kannte das Herz seines Meisters; denn er lag an seines Meisters Brust (Johannes 13,23). Mehr als jeder andere Jünger sprach Johannes über das grundlegende Zeichen eines wahren Nachfolgers Jesu, welches die Liebe ist. So schrieb der Apostel Johannes über einen Gläubigen, der seinen Bruder hasst, obwohl er vorgibt, im Licht zu sein; aber er ist es nicht, sondern er lebt in der Finsternis. Wer seinen Bruder hasst, *„wandelt in der Finsternis und weiß nicht, wohin er geht; denn die Finsternis hat seine Augen blind gemacht“* (1. Johannesbrief 2,9-11).

Johannes legte eine klare Betonung auf die Aussage, dass Gott Liebe ist, und die Liebe ist aus Gott ist. *„Wer nicht liebt, hat*

Gott nicht erkannt; denn Gott ist Liebe" (1. Joh. 4,7-8). Einer der sichersten Wege, um die Gegenwart Gottes zu erfahren, ist, in Seiner Liebe zu bleiben (1. Joh. 4,12.16). Wenn wir in der Liebe bleiben, erfreut sich Gott daran, in uns zu bleiben. Der so geliebte Jünger Johannes konnte die Liebe fühlen, die in eben diesem Herzen des himmlischen Vaters schlug. Die Theologie von Johannes war sehr einfach: Gott zu kennen, bedeutet, die Liebe zu kennen; Gott nicht zu kennen, bedeutet, die Liebe nicht zu kennen. Liebe ist eine Persönlichkeit, und sie hat das Verlangen, die ganze Schöpfung mit ihrer Liebe zu erfüllen. Johannes gebrauchte drei Worte, die austauschbar sind, nämlich Gott, Liebe und Licht. Wenn ich eines davon habe, besitze ich alle drei. Ein bedeutungsvolles Leben ist ein Leben, das gelebt wird, um zu lieben. Ein vergeudetes Leben ist ein Leben, das ohne Liebe gelebt wird. Liebe zu haben, bedeutet, die wahre Bedeutung des Lebens zu erfahren; keine Liebe zu haben, bedeutet, den Sinn des Lebens zu verfehlen! So sagte der weiseste Mann auf Erden, König Salomo: *„Böte jemand auch all seine Habe um Liebe, man würde ihn höhnend verachten*" (Hohelied 8,7).

Eltern, die ihren Kindern alles bieten, außer Liebe, haben ihren

Kindern nichts gegeben. Kinder sehnen sich nach Liebe und Ehefrauen sehnen sich nach Liebe, Väter und Mütter sehnen sich nach Liebe. Die ganze Welt hat so eine tiefsitzende Sehnsucht und ein Bedürfnis in den Herzen, und das ist, geliebt zu werden und Liebe zu schenken. Ist eine Person einmal von der Notwendigkeit zu lieben überzeugt, dann kann sie zu allen Zeiten mit ganzer Hingabe in der Liebe bleiben. Wenn nun Menschen ihre Herzen ganz hingegeben haben, in der Liebe Gottes zu bleiben, dann werden sie auf einmal die Dinge entdecken, die sie daran gehindert haben, ein Gefäß für die Liebe zu sein.

Wie kann eine Person nun in genau diesem Zentrum der Liebe leben? Die Antwort finden wir in der Person Jesu Christi. *„Denn alles kommt von ihm, alles lebt durch ihn, alles vollendet sich in ihm. Ihm sei Lob und Ehre für immer und ewig! Amen"* (Römer 11,36, HfA). *„Darin ist die Liebe Gottes zu uns offenbar geworden, dass Gott seinen einzigen Sohn in die Welt gesandt hat, damit wir durch ihn leben"* (1. Joh. 4,9). Dieses Leben der Liebe kann nur durch den Anfänger der Liebe gelebt werden, welcher ist Jesus Christus. Im nächsten Kapitel werden wir das Haupthindernis entdecken, Menschen zu lieben. Und das ist das *ungerechtfertigte Richten.*

KAPITEL 2

DIE ANATOMIE DES UNGERECHTFERTIGTEN RICHTENS

Was bedeutet das?

Ein ungerechtfertigtes Richten ist eine Meinung, ein Gedanke oder ein Wort, was mich in die Position eines Richters über einen anderen Menschen stellt. Ich nehme die Stellung eines Richters über jene andere Person ein, und ich spreche ein Urteil über sie.

Ein gerechtes Richten wäre, wenn Gott, der gerechte Richter, Sein Wort durch jemand mit der Gabe der Geisterunterscheidung oder durch himmlische Weisheit freisetzt, und so etwas immer mit dem Ziel geschieht, das Reich Gottes auf Erden zu bauen. Dann gibt es auch

Menschen, welche die Regierung Gottes auf dieser Erde repräsentieren, und die gerechte Urteile sprechen müssen. Solche Personen sind z.B. Eltern (Vater und Mutter), Lehrkräfte, Polizeiführungskräfte, Richter der irdischen Justiz oder Leiter innerhalb des Leibes Christi, usw. Diese gerechten Beurteilungen und Urteile werden von den richtigen Leuten getroffen, zur richtigen Zeit, am richtigen Ort, mit der richtigen Motivation. Solche gerechten Rechtsprechungen werden die Liebe Gottes nicht blockieren, sondern stattdessen werden sie der Liebe Gottes in einer gegebenen Situation Geltung verschaffen. Da es bei dem Inhalt dieses kleinen Buches um das Bleiben in der Liebe geht, werden wir uns nicht weiter mit dem gerechten Richten befassen, sondern nur mit dem ungerechtfertigten Richten. In seinem Dienst hat der Autor dieses Bücher miterlebt, wie Gott Hunderte von Ehen geheilt hat, und dass es gewöhnlich nur eine Hauptursache im Leben solch eines veränderten Ehepaares gibt, ihre neu gefundene Liebe wieder zu verlieren, nämlich, dass sie wieder in die Rolle des gegenseitigen Richtens verfallen. Folgende Bibelverse offenbaren Gottes Hass gegenüber unserem ungerechtfertigten Richten:

Matthäus 7,1-2: *„Richtet nicht, damit ihr nicht gerichtet werdet.*

Denn mit welchem Gericht ihr richtet, werdet ihr gerichtet werden; und mit welchem Maß ihr messt, wird auch euch gemessen werden."

Lukas 18,9: „*Er sagte aber auch zu etlichen, die auf sich selbst vertrauten, dass sie gerecht seien, und die übrigen verachteten, dieses Gleichnis...*"

Johannes 8,15: „*Ihr richtet nach dem Fleisch; ich richte niemand.*"

Johannes 7,24: „*Richtet nicht nach dem Schein, sondern fällt ein gerechtes Urteil!*"

Römer 2,1: „*Darum bist du nicht zu entschuldigen, o Mensch, wer du auch seist, der du richtest! Denn indem du den anderen richtest, verurteilst du dich selbst; denn du verübst ja dasselbe, das du richtest!*"

Römer 14,4: „*Wer bist du, dass du den Hausknecht eines anderen richtest? Er steht oder fällt seinem Herrn. Er wird aber aufgerichtet werden; denn Gott vermag ihn aufzurichten.*"

Römer 14,10: „*Du aber, warum richtest du deinen Bruder? Oder du, was verachtest du deinen Bruder? Wir werden alle vor dem Richterstuhl des Christus erscheinen.*"

Römer 14,13: „*Darum lasst uns nicht mehr einander richten, sondern das richtet vielmehr, dass dem Bruder weder ein Anstoß noch ein Ärgernis in den Weg gestellt wird!*"

Jakobus 5,9: „*Seufzt nicht gegeneinander, Brüder, damit ihr nicht verurteilt werdet; siehe, der Richter steht vor der Tür!"*

Jakobus 2,2-4: *„Denn wenn in eure Versammlung ein Mann käme mit goldenen Ringen und prächtiger Kleidung, es käme aber auch ein Armer in unsauberer Kleidung, und ihr würdet euch nach dem umsehen, der die prächtige Kleidung trägt, und zu ihm sagen: Setze du dich hier auf diesen guten Platz!, zu dem Armen aber würdet ihr sagen: Bleibe du dort stehen, oder setze dich hier an meinen Fußschemel! – würdet ihr da nicht Unterschiede unter euch machen und nach verwerflichen Grundsätzen* ***richten****?"*

Wenn die Liebe die Eingangstür zum Herzen Gottes des Vaters ist, dann ist die Barmherzigkeit der Schlüssel, der diese Tür öffnet. 1. Johannes 3,16-17: *„Daran haben wir die Liebe erkannt, dass Er sein Leben für uns eingesetzt hat; und auch wir sind Schuldner, für die Brüder das Leben einzusetzen. Wer aber die Güter dieser Welt hat, und seinen Bruder Not leiden sieht und sein Herz vor ihm verschließt – wie bleibt die Liebe Gottes in ihm?"*

Gottes reine Liebe fließt auf einem Weg oder durch einen Kanal, und der heißt Mitleid. Das Wort „Mitleid" besteht aus zwei Worten: **„mit"** und **„Leid"**. Mitleid haben bedeutet, mit anderen in deinem Herzen zu leiden und dabei ihre Schmerzen, ihr Abgelehntsein und ihre Verletzungen zu fühlen. Psalm 145,8: „*Gnädig und barmherzig ist der Herr, geduldig und von großer Güte.*“

In einem vollen Gefäß gibt es keinen Raum mehr für irgendetwas Anderes. Unser Vater Gott ist voll von Mitleid gegenüber seinen Geschöpfen. Zu einem bestimmten Zeitpunkt offenbarte mir der Herr, warum es für Ihn so leicht ist, Menschen zu lieben. Er zeigte mir, dass, wenn Er einen Menschen etwas Böses tun sieht, Er nicht nur sieht, was dieser Mensch gerade in dem Moment anrichtet, sondern Gott überblickt auch all das Böse, was andere Menschen diesem Sünder angetan haben. Gerade in solch einem Moment kann Gott klar all den Missbrauch, den Hass, die Ablehnung und das Leid sehen, das alle Vorväter dieser Beteiligten erlitten hatten. Während Gott der Vater die böse Handlung, die der Einzelne ausführt, miterlebt, sieht Er gleichzeitig auch all das Böse, das sich in dem Erinnerungsvermögen dieses einzelnen Menschen aufgestaut hat. Wenn wir klar und deutlich all den Schmerz, das Leid und das Böse, das Menschen erfahren haben, erkennen könnten, täten wir uns nicht schwer, sie zu lieben. Verletzte Menschen verletzen andere; verwundete Menschen verwunden andere. Gott, unser himmlischer Vater, ist reine verzehrende Liebe.

Gott ist Liebe, und deshalb gipfelt all das, was der Vater tut, in der Hoffnung, Menschen in gerade diese Natur Seiner Liebe hinein zu bringen. All Seine Werke werden in Liebe getan. Er tut nichts aus einem bösen Motiv heraus, das in Seinem Herzen wäre. Es gibt keine Unversöhnlichkeit und keinen Groll in dem Herzen Gottes. Nie würde Er uns absichtlich bestrafen, nur weil Er zornig ist oder weil Er sich danach fühlt (Klagelieder 3,33: *„Denn nicht freudigen Herzens plagt und betrübt er die Menschen."*). Seine Absichten sind immer vollkommen und ohne Fehler bei all seinem Umgang mit den Menschenkindern.

Die Liebe kommt von Gott; die Sünde stammt vom Teufel

„Wer die Sünde tut, stammt vom Teufel; denn der Teufel sündigt von Anfang an" (1. Johannesbrief 3,8a). Johannes drückt damit aus, dass, wenn ein Mensch sündigt, dann lebt er aus der Natur des Teufels heraus lebt. Gleichermaßen, wenn ein Mensch liebt, lebt er aus der Natur Gottes heraus, weil Gott Liebe ist. Kain liebte seinen Bruder nicht, und warum nicht? Weil er von dem

Bösen stammte (1. Johannes 3,12). *„Gott ist Liebe; wer in der Liebe bleibt, der bleibt in Gott und Gott in ihm“* (1. Johannesbrief 4,16). Die Liebe hat ihren Ursprung in Gott, und das Böse hat seinen Ursprung in Satan. Das Böse entstand nicht im Menschen, sondern der Mensch entschied sich, der Schlange zu glauben, und dann wurde der Same des Bösen in das Herz der Menschen eingepflanzt (Epheser 2,2-3; 1. Joh. 3,14-15; 1.Mose 3,15; 1. Joh. 3,8-11). Die Sünde hat ihren Ursprung in Satan. Als der Mensch sich entschloss, von dem verbotenen Baum im Garten Eden zu essen, da hatte die Frucht dieses Baumes die Natur des Bösen zur Folge, und das können wir als die Sündennatur im Menschen bezeichnen. Deshalb hat Jesus die religiösen Menschen als Schlangenbrut bezeichnet (Matthäus 12,33-34). Die Natur der Schlange steckt in der Natur des Menschen, und diese Natur wird immer von Stolz oder Selbstsucht bestimmt. Auch bei einem Gläubigen steckt in seinem Fleisch eine Sündennatur. Im Fleisch, dem menschlichen Eigenwillen, oder allem, was wir von Adam geerbt haben, wohnt nichts Gutes (Römer 7,18; 1.Joh.1,8; Galater 5,16-17; Römer 13,14: *„sondern zieht den Herrn Jesus Christus an und pflegt das Fleisch nicht bis zur Erregung von Begierden!“*). Johannes hat doch geschrieben (1. Joh. 1,8), wenn ein Christ sagt, er habe keine Sünde (d.h. die Sündennatur), dann ist er verführt.

Satan will sein selbstsüchtiges Ebenbild in der ganzen Welt vervielfältigen. Gott möchte sein reines und heiliges Ebenbild in der ganzen Welt zunehmen lassen und verbreiten (1. Mose 1,26-28: *„Und Gott segnete sie und sprach zu ihnen: Seid fruchtbar und mehret euch und füllet die Erde und machet sie euch untertan und herrschet…“*; Römer 8,28-29: *„die hat er auch vorherbestimmt, dem Ebenbild seines Sohnes gleichgestaltet zu werden...“*) Die Natur Satans besteht auf Gerechtigkeit, weil er weiß, dass kein Mensch vor Gott gerecht sein kann (Römer 3,10-12: *„wie geschrieben steht: Es ist keiner gerecht, auch nicht einer“*; 19-20: *„und alle Welt vor Gott schuldig sei“*). Das Blut Abels schreit laut nach Gerechtigkeit; aber das Blut JESU ruft ständig nach Erbarmen (Hebräer 12,24).

Der himmlische Vater sucht eine heilige Priesterschaft, die ruft: *„Herr, schone dein Volk“* (Joel 2,17). *„Dann wird der Herr um sein Land eifern und sein Volk verschonen“* (Joel 2,18). Der Teufel fordert ständig, dass wir verurteilt werden; aber Jesus bittet ständig darum, dass uns vergeben wird. Jesaja sagte, dass alle

Inseln auf das Gesetz des Herrn warten (Jesaja 51,5; Jesaja 42,2-3: *„In Treue trägt er das Recht hinaus"*). Auf welches Recht oder Gesetz nimmt er Bezug? Es kann da nur ein Gesetz geben, und das ist das Gesetz des Lammes. Dadurch kann Gott gerecht sein und alle rechtfertigen, die an Jesus Christus glauben.

Er ist der Arm des Herrn, auf den die Völker hoffen (Jesaja 52,10; Römer 3,24-26). Der Teufel ist der Verkläger der Brüder, und er verklagt uns Tag und Nacht vor unserem Gott (Offenbarung 12,10). Ständig hält er Ausschau nach etwas, was er gegen die Kinder Gottes vorbringen kann (1. Petrus 5,8; Epheser 4,27: *„Und gebt dem Teufel keinen Raum"*).

Jesus hat nachdrücklich erklärt, dass Er gekommen ist, die Sünder zu sich zu rufen. Er hat den Pharisäern gesagt: *„Geht aber hin und lernt, was das heißt: Ich will Barmherzigkeit und nicht Opfer"* (Matthäus 9,13). **Mit anderen Worten: des Vaters Herz ist voll von Barmherzigkeit, und Er wünscht, dass Seine Kinder es lernen, dass Sein ganzer Wille in dem einen Wort zusammengefasst werden kann: Barmherzigkeit.**

Seine reine Liebe wird durch ein mitleidvolles, barmherziges Herz zum Ausdruck gebracht, das voller Erbarmen ist. Wann immer ein Herz beginnt, in seinem Innern kalt zu werden, dann bedeutet das, dass sich diese Person ihren inneren Gefühlen des Mitleids verschlossen hat. Da die Liebe Gottes durch den Kanal des Mitleids fließt, wird nun Seine reine Liebe durch eine harte, kalte, religiöse Liebe ersetzt. Hinter jedem ungerechtfertigten Richten steht die Weigerung, einer anderen Person Barmherzigkeit zu erweisen. Wenn wir andere Menschen richten, dann wollen wir eigentlich, dass sie als schuldig verurteilt werden. Hinter jedem ungerechten Richten steckt eine heimliche Weigerung, einer Person Vergebung zu gewähren, von der wir meinen, dass sie es nicht verdient hätte.

Beschreibung einer Anatomie des ungerechtfertigten Richtens

Unter Anatomie verstehe ich ein Trennen oder ein Aufteilen in Einzelteile, um eine Prüfung oder Analyse durchzuführen. Diese Definition werden wir für das Wort Anatomie gebrauchen. So geht es also um eine Analyse und Prüfung aller verschiedenen Teile, die im Mittelpunkt des ungerechtfertigten Richtens stehen.

Was geschieht also beim ungerechtfertigten Richten?

1. Jemand nimmt die Stelle eines Richters ein (Jakobus 4,11-12; 5,9).
2. Durch das Richten spricht er diese Person schuldig. Jene Handlung des Richtens ist eine Verletzung des Gesetzes der Liebe (Jakobus 4,11; Matthäus 18,34-35; Jakobus 2,12-13; Lukas 6,35-38).
3. Jedes Richten lässt diese Person in Übereinstimmung mit dem Herz des Teufels geraten (Amos 3,3; Offenbarung 12,10; 1.Samuel 17,28-29).
4. Ungerechtfertigte Urteile unsererseits über andere zwingen Gott, uns in der gleichen Weise zu behandeln. So wird nur Gerechtigkeit an uns vollzogen, wir erfahren aber keine Barmherzigkeit (Matthäus 7,1-2; Lukas 6,37-38).
5. Verurteilungen unsererseits hinterlassen steinerne Gefühle in unseren Herzen. Diese Steine müssen wir entfernen (Jes. 62,10).
6. Jedes Mal, wenn wir einander richten, geben wir Gott zu verstehen, dass wir nicht wie „dieser da“ sind, einfach wegen unserem Gutsein und nicht wegen Gottes Gnade. *„Darum bist du nicht zu entschuldigen, oh Mensch, wer du auch seist, der du richtest! Denn indem du den anderen richtest, verurteilst du*

dich selbst; denn du verübst ja dasselbe, was du richtest“ (Römer 2,1). Worin ich einen anderen Menschen verurteile, darin verurteile ich mich selbst, weil ich in meinem Fleisch dasselbe vollbringe. Wenn das Böse sich in meinem Leben nicht gezeigt hat, dann ist es nur der Gnade Gottes zuzuschreiben (1. Korinther 15,10: *„...seine Gnade, die er an mir erwiesen hat, ist nicht vergeblich gewesen.“*). Aber der Grund, warum ich meine, einen anderen Menschen richten zu dürfen, ist, weil ich meine, besser als der andere zu sein. Glaubte ich aber, dass es Gottes Gnade gewesen ist, die mich vor dem Fall bewahrt hat, dann hätte ich gegenüber dem anderen Menschen Barmherzigkeit gezeigt. So mag man wohl sagen, dass jedes Richten gleichermaßen eine Leugnung der Gnade Gottes in dem eigenen Leben ist.

7. Da unser ungerechtes Richten Gott mitteilt, dass wir Seine Gnade nicht brauchen, so muss Er nun Seine Gnade von dem Gebiet meines Lebens abziehen, worin ich andere Menschen verurteilt habe. Wenn Kinder ihre Eltern richten, wird das in deren späterem Elternleben Auswirkungen zeigen. Wenn eine Person ein anderes Ehepaar richtet, könnte sie selber ernsthafte Schwierigkeiten in ihrer Beziehung zu anderen Menschen

bekommen. Worin ich einen anderen Menschen auch verurteile, verurteile ich mich selbst auf dem gleichen Gebiet (Römer 2,1).

8. Wenn wir über andere Menschen Gericht halten, offenbart es sich doch, wo in uns der Stolz angesiedelt ist. Auf dem Gebiet, wo ich andere geringschätze und auf sie herunter schaue, da werde ich mich in meinem eigenen Herzen erhöhen. *Die Wahrheit in Liebe zu reden, ist dem Vater sehr angenehm. Aber eine hochmütige Haltung einzunehmen, die mich dazu führt, einen anderen Menschen zu richten, ist vor Gott nicht annehmbar. Es ist die Einstellung, die im Herzen versteckt ist, die Gott an unserem Richten hasst. Der versteckte Stolz, der mich dazu bringt, auf das, was jemand sagt oder tut, herabzublicken, ist das, was dem Vater im Himmel sehr missfällt!*

9. Das ungerechte Richten über andere ist das Resultat des Essens von dem verbotenen Baum der Erkenntnis. So essen wir von dem Baum und meinen erst einmal zu wissen, was das Gute und was das Böse ist. Dann, wenn mein Gegenüber aber nicht so handelt, wie ich meine, dass es recht (gut) sei, meine ich somit, das Recht zu haben, ihn zu verurteilen. Das ungerechte Richten hat seinen Ursprung in

der Frucht des verbotenen Baumes.

10. Verurteilungen meinerseits hinterlassen in mir steinerne Gefühle gegenüber der Person, die ich verurteilt habe. Nun sieht deren Gutes wie Schlechtes aus, ihre Unschuld erscheint mir doch als Schuld, und ihre Liebe kommt mir verdächtig vor. Gott will, dass wir alle Steine aus unserem Herzen entfernen, so dass wir wirklich ein Verlangen nach Liebe und Barmherzigkeit verspüren. Der Herr will das steinerne Herz aus unserem Fleisch wegnehmen und uns ein fleischernes Herz geben. Wenn jemand einen anderen Menschen richtet, und wenn er dann nicht die Schuld wegen seines Richtens auf sich nimmt, dann muss er jemand anderen finden, dem er die Schuld geben kann. Jesaja 62,10: *„Geht ein, geht ein durch die Tore! Bereitet dem Volk den Weg! Macht Bahn, macht Bahn, räumt die Steine hinweg! Richtet ein Zeichen auf für die Völker!"*

Die Härte des Herzens wird das Leben, das in dem Samen ist, ersticken. Der Same ist das Wort, und das Wort ist eine Person (Johannes 1,1-4). Die Wahrheit ist eine Person (Johannes 14,6). Wegen dieser Härte kann dann die reine Liebe, die in dieser Person wohnt, die da Christus heißt, nicht in mir wohnen. Der harte Stein, der wegen meines

Richtens in meinem Herzen liegt, lässt meinen Herzensboden unfruchtbar sein. Wenn wir unseren Boden weich halten, dann wird der Same, das Wort, Wurzeln schlagen, Wachstum hervorbringen und sich in uns vermehren. Die reine Liebe Gottes wird unsere Herzen erfüllen, sobald wir das steinerne Richten ablegen und den lebendigen Christus aufnehmen, dass Er in uns wohne. Epheser 3,17: „....*dass der Christus durch den Glauben in euren Herzen wohne, damit ihr, in Liebe gewurzelt und gegründet, imstande seid......*"; Römer 5,5: „.....*die Hoffnung aber lässt nicht zuschanden werden; denn die Liebe Gottes ist ausgegossen in unsere Herzen durch den Heiligen Geist, der uns gegeben worden ist*". Das Richten unserer Mitmenschen zerstört die Liebe und die Zartheit, die einmal unsere Herzen ausfüllte.

11. Alles ungerechte Richten hilft dem Ankläger der Brüder sein Werk zu tun (Offenbarung 12,10).
12. Alles ungerechte Richten wird unsere geistlichen Nieren vergiften. Die Bibel redet ja von den Nieren in unserem Körper. Ein hartes Gefühl soll bei uns ein Anzeiger sein, der versucht, uns zu warnen, dass unser Herz mit Stolz vergiftet wurde!

13. Sobald unser Herz mit Stolz wegen eines unserer Richtersprüche vergiftet worden ist, müssen wir um Vergebung bitten, so dass der Herr durch sein Blut das Gift herauswaschen kann (1.Joh. 1,19). So wie es sich im natürlichen Bereich abspielt, so muss es auch im geistlichen Bereich geschehen: das Gift muss herausgewaschen werden, oder es wird den Blutstrom infizieren. Daraus entsteht dann eine Wurzel der Bitterkeit, die dann viele andere befleckt. Hebräer 12,15: *„Und achtet darauf, dass nicht jemand die Gnade Gottes versäumt, dass nicht etwa eine bittere Wurzel aufwächst und Unheil anrichtet und viele durch diese befleckt werden.“*

Wenn wir über unser ungerechtes Richten nicht Buße tun, dann wird sich das in unserem Herzen immer in Bitterkeit verwandeln

Einige Beispiele des ungerechtfertigten Richtens

1. Ein Sohn spricht so daher und meint: „Ich werde nie so sein wie mein Vater." Damit hat sich dieser Sohn nun an das Böse angehängt, das er an seinem Vater gerichtet hat, und so hat dieses gleiche Übel nun das legale Recht, in ihn einzudringen.
2. Eine Tochter richtet ihre Mutter, dass sie nicht genügend Zeit mit ihr verbringt. Wenn sie dann selber einmal Mutter wird, wird sie viele Dinge haben, die die Beziehung zu ihren Kindern blockiert.
3. Eine Tochter richtet ihren Vater für sein Benehmen. Sie wird nun später viele Schwierigkeiten haben, wie ihr eigener Ehemann mit ihr umgeht, und es wird wahrscheinlich Probleme geben, barmherzig und freundlich zu ihrem Mann zu sein.
4. Ein Sohn richtet seine Mutter, dass sie faul sei. Nachdem er dann verheiratet ist, wird er seine Frau auch für eine faule Person halten. Auch wenn sie einmal müde wird oder schwanger ist, wird es ihm an Barmherzigkeit mangeln, weil er früher seine Mutter so verurteilt hat.

5. Ein Autofahrer richtet einen anderen Fahrer. Danach wird er anfangen, Fahrfehler zu machen.
6. Ein Ehepaar richtet ein anderes Ehepaar wegen ihrer schlechten Ehe. Sie werden dann bald selbst anfangen, Beziehungsprobleme in ihrer eigenen Ehe zu bekommen.
7. Ein junger Christ schaut auf einen Freund herab wegen seiner unsauberen und schmutzigen Lebensführung. Dieser junge Mann hat bald selber Probleme mit Pornographie.
8. Eine Frau richtet andere Leute wegen deren Fernsehkonsum. Diese Frau ringt nun damit, ihre Zeit in disziplinierter guter Weise zu gebrauchen.
9. Eine Mutter richtet eine andere Mutter, dass sie ihre Kinder nicht unter Kontrolle hätte. Bald hat diese selber Probleme wegen des Benehmens ihrer eigenen Kinder.
10. Ein junges Mädchen bezeichnet sich selbst als dumm und richtet sich selbst, dass sie nie etwas richtig mache. So öffnet diese Art von Gelübde und Verurteilung eine unsichtbare Tür für die Dämonen, die anfangen, ihren Verstand zu verwirren und sie dazu bringen, dass sie sich nicht mehr konzentrieren kann und dass sie beginnt, viele Lernschwierigkeiten zu erleben.

Diese sind einige von den Tausenden von Verurteilungen und Schwüren, die die Menschen machen, die sie daran hindern, ein freudiges, siegreiches Leben zu leben.

Was blockiert das Leben in der Liebe am meisten?

Das meiste von unserem ungerechten Richten, das wir immer wieder tun, entspringt unserer selbstsüchtigen Lebenseinstellung. Gewöhnlich wachsen wir doch in einer Umgebung auf, wo das Selbstsüchtige vorherrscht. Die Gedanken konzentrieren sich auf das eigene Ich. Aktivitäten drehen sich um das eigene Ich, und die Worte sind auch ichbezogen. Im Neuen Testament bedeutet das griechische Wort *eritheia (Strongs Konkordanz Nr. 2052)* selbstsüchtiger Ehrgeiz. Diese eine Sache, genannt se*lbstsüchtiger Ehrgeiz,* wird die Intimität und die wahre Liebe mehr als alles andere in einer Beziehung blockieren. Paulus ermahnt die Gläubigen in Philipper 2,3 nichts aus *„Selbstsucht oder nichtigem Ehrgeiz"* zu tun. Er meint, anstatt aus selbstsüchtigem Ehrgeiz das Bedürfnis zu haben, von anderen angesehen zu werden durch, sollten wir *„in Demut einer den andern höher achten als uns selbst"* (Philipper 2,3). Das Wort *„eritheia"* oder selbstsüchtiger Ehrgeiz wurde in der griechischen Umgangssprache für Menschen gebraucht, „die sich um Stimmen für ein Amt bewarben, die populären Beifall durch Gaunerei und gewöhnliche List erhaschen wollten (gemäß Thayers griechisch-englischem Lexikon des Neuen Testamentes). Die eigentliche Übersetzung für dieses Wort betrifft die Haltung des menschlichen Herzens, das danach trachtet, sich selbst vor die anderen zu stellen. Der selbstsüchtige Ehrgeiz wird alle möglichen Dinge mit einem ichbezogenen Motiv tun, ja sogar das Evangelium verkündigen (Philipper 1,15: *„Einige verkündigen zwar den Christus auch aus Neid und Streitsucht.....")*. Das Wort *„eritheia"* identifiziert die Motive des Herzens wie Selbstbeförderung, Selbstliebe, Stolz und Neid. Eine Person mit dieser Einstellung ihres Herzens muss die Aufmerksamkeit auf sich ziehen und von anderen als in Ordnung angesehen werden. Römer 2,8 entlarvt Menschen, die selbstsüchtig und eigenwillig sind, als unter dem Zorn Gottes stehend: *„...denen aber, die selbstsüchtig und der Wahrheit ungehorsam sind, Grimm und Zorn"*. Jakobus offenbart in seinem Brief, dass die Macht, die hinter selbstsüchtigem Ehrgeiz steht, irdisch, seelisch und dämonisch ist (Jakobus 3,15-16). Das meiste unseres ungerechten Richtens wird aus einer Haltung in unserem inwendigen Herzen kommen, die selbstzentriert ist;

aber jemand, der wirklich lieben will, wird die Liebe an die erste Stelle setzen und nicht sich selbst.

Kapitel 3

Gott will durch deinen erkauften Leib andere lieben

Der Herr hat unsere Leiber erkauft und so gehören sie nicht mehr uns, weil sie einen neuen Besitzer bekommen haben (1.Korinther 6,19-20). Wenn jemand ein Grundstück mit einem Haus darauf kauft, ist der Käufer der neue Besitzer, und der jetzige Bewohner muss ausziehen, um dem neuen Besitzer zu erlauben, seinen Besitz zu übernehmen. Der frühere Besitzer kann nicht länger dieses Haus rechtmäßig benutzen, weil es doch jetzt einem anderen gehört.

Das kostbare Blut Jesu hat unsere Leiber erkauft (1.Petrus 1,19), und nun darf Er in Seinem neuen Heim Wohnung nehmen. Das geht klar aus 1.Korinther 3,16 und auch aus 1.Korinther 6,19-20 hervor: *„Oder wisst ihr nicht, dass euer Leib* *ein Tempel des in euch wohnenden Heiligen Geistes ist, den ihr von Gott empfangen habt, und dass ihr nicht euch selbst gehört? Denn ihr seid teuer erkauft; darum verherrlicht Gott in eurem Leib und in eurem Geist, die Gott gehören!"*

Uns wird ebenfalls gesagt, dass wir unsere Glieder Gott hingeben (Römer 6,13), und dass wir uns Gott als ein lebendiges Opfer darbringen sollen. Unsere Leiber gehören dem Heiligen Geist, dass Er in uns lebe. Von nun an muss ich Gott erlauben, durch meine Augen zu schauen und durch meine Hände und mein Herz zu fühlen. Gott gebraucht meine irdischen Glieder, um andere Menschen zu erreichen. *„Geliebte, lasst uns einander lieben! Denn die Liebe ist aus Gott…"* (1. Johannes 4,7). Vers 8: *„denn Gott ist Liebe"*.

Diese reine und heilige Liebe Gottes ist aktiv, nicht passiv. Johannes schrieb seinen kleinen geistlichen Kindern: *„Kindlein, lasst uns nicht mit Worten und nicht mit der Zunge lieben, sondern mit der Tat und in Wahrheit"* (1. Johannes 3,18, Menge Übers.). Wir müssen eine sichtbare Demonstration der Liebe Gottes sein und in aktiver Weise unsere irdischen Glieder Gott übergeben, dass Er sie benutzen kann, andere Menschen zu lieben. Zorn und Furcht sind zwei negative Gefühlsbewegungen, die immer das Verströmen der Liebe blockieren werden. Wir dürfen keinem Zorn, keiner Furcht erlauben, uns abzuhalten, ein Gefäß für Gott zu sein, damit Er in uns und durch uns leben kann. Furcht ist nicht in der Liebe. Wenn ich also will, dass Liebe durch meine irdischen Glieder fließen soll, darf ich nicht auf die Stimme der Furcht hören. *„Furcht ist nicht in der Liebe, sondern die vollkommene Liebe treibt die Furcht aus.“* (1. Johannes 4,18a).

Bin ich auf Christus oder auf mich selbst zentriert?

Sehe ich mich so, wie ich den Versuch unternehme, andere Menschen lieben zu wollen, oder will ich den auferstandenen Christus durch mich hindurch die Menschen lieben lassen? Der reine, heilige und vollkommene Jesus will durch unsere irdischen Leiber hindurch leben; aber lassen wir Ihn das auch tun? Judas, Knecht Jesu Christi und Bruder des Jakobus, schreibt uns: *„Bewahrt euch in der Liebe Gottes“* (Judasbrief, Vers 21). So wird uns befohlen, festzubleiben in der Liebe Gottes. Das ist genau die gleiche Liebe, die in dem Körper des Menschen Jesus vor 2000 Jahren lebte. Gottes Liebe möchte durch meine Augen schauen, durch meine Hände fühlen und durch meine Lippen küssen. Dies ist nicht Kultur oder Brauch; dies ist Christus. Eine selbstzentrierte Person wird sich Gedanken darüber machen, wie andere Menschen wohl über sie denken, oder für wie fähig oder unfähig sie sich selbst halten. Eine auf Christus zentrierte Person wird nur darüber nachdenken, was Christus durch sie zu tun vermag. So können wir uns heute entscheiden, uns Gott ganz auszuliefern, so dass Er nun damit beginnen kann, durch uns hindurch zu lieben. Der wahre Jesus hat ein tiefes Verlangen, Seine Barmherzigkeit auf die Sünder auszugießen und die Menschen in vollkommener Weise zu lieben. Sein Herz ist voll von Mitleid, voll von Barmherzigkeit und Liebe. In 1.Korinther 6,13 lesen wir, dass der Leib für den Herrn ist. Unser Leib ist für den Herrn, damit Er durch uns hindurch leben kann. Der Herr Jesus wird niemals selbstsüchtig, tadelsüchtig, hartherzig, richtend oder grollend sein. Er wird barmherzig, geduldig, freundlich sein und nichts Böses über andere Menschen denken. Wenn wir uns entscheiden, dem wahren Christus zu erlauben, durch uns hindurch zu leben, wird Er seine Gesinnung der Niedrigkeit, der Reinheit und der Liebe durch uns manifestieren (Galater 2,20).

Kapitel 4

Die endgültige Entscheidung: Ein Herz aus Stein oder ein Herz aus Fleisch ?

Wenn ein Mensch wirklich dem Ziel hingegeben ist, in der Liebe zu bleiben, wird er kein steinernes Herz haben wollen. Sein stetes Verlangen wird nach einem Herzen aus Fleisch oder nach einem zarten Herzen sein. Die endgültige Entscheidung liegt bei mir allein. Entscheide ich mich, ein weiches, zartes Herz zu haben, ein Herz der Niedrigkeit, oder entscheide ich mich, an etwas festzuhalten, das gegen jemand anderen gerichtet ist? Will ich lieber einen Stein in meinem Herzen behalten, oder will ich lieber in meinem Herzen einen wunderschönen Garten anlegen, aus dem der Duft der Gewürzpflanzen strömt und in dem alle Arten der Frucht des Geistes vorhanden sind? Die Entscheidung zu lieben liegt bei mir; aber die Kraft der Liebe ist die Seinige! Paulus sagte, dass er wählen konnte, er aber nicht die Kraft hatte, das zu tun. Römer 7,18: *„Denn ich weiß, dass in mir, das heißt in meinem Fleisch, nichts Gutes wohnt; das Wollen ist zwar bei mir vorhanden, aber das Vollbringen des Guten gelingt mir nicht.“*

Mein Wille + Seine Kraft = reine Liebe

Mein Wille + meine Kraft = unreine, selbstsüchtige Liebe

Gott wird meinen Willen nicht verletzen. Seine Gnade wird mich sogar befähigen, die richtigen Entscheidungen zu treffen, wenn ich denn Seine Gnade empfangen will. Er wirkt in uns sowohl das Wollen als auch das Vollbringen nach seinem Wohlgefallen (Philipper 2,13). Er trifft nicht die Entscheidung zu wollen anstelle von mir, sondern Er wird in mir arbeiten, um mein Wollen zu verursachen. Mit anderen Worten: Seine Gnade wird immer hinreichend sein, meinen Wandel in der Liebe zu verursachen, solange ich meinem Herzen nicht erlaube, sich für den Hass zu entscheiden. Josua sagte den Israeliten: *„Gefällt es euch aber nicht, dem Herrn zu dienen, so wählt euch heute, wem ihr dienen wollt: den Göttern, denen eure Väter gedient haben jenseits des Stroms, oder den Göttern der Amoriter, in deren Land ihr wohnt. Ich aber und mein Haus wollen* *dem Herrn dienen*" (Josua 24,15, Zü).

Wir können ebenfalls wählen, ob wir den Göttern dienen wollen, denen unsere Vorväter gedient haben, oder ob wir dem Gott dienen wollen, der vollkommene Liebe ist. Viele unserer Vorväter wollten lieber ein wenig Zorn, ein wenig Bitterkeit in ihren Herzen haben und erlaubten dem Selbstmitleid und dem Groll in ihren Herzen zu regieren. Viele Ehepaare wollten lieber an dem Nichtvergebenwollen festhalten, wollten lieber verärgert bleiben, weil ihr Ehepartner sie nicht versteht oder schätzt.

Brüder und Schwestern, die endgültige Entscheidung liegt bei uns: wollen wir den Göttern des Hasses, des Stolzes, des Zornes, des Selbstmitleids oder der Eifersucht dienen? Oder wollen wir dem reinen und heiligen Gott des Universums dienen, der uns gebietet, in vollkommener Liebe zu wandeln? Die Zeit ist da, dass sich eine Generation in dieser Welt aufmacht, den Herrn und Sein Angesicht zu suchen, so dass sie nicht mehr den Göttern des Hasses dienen wollen. Sie werden dem Gott der Liebe dienen, und sie werden Seine gehorsamen Söhne und Töchter sein. *„Das ist das Geschlecht, das nach ihm* *fragt, das dein Angesicht sucht, Gott Jakobs*“ (Psalm 24,6, Zü). Geliebte, lasst uns dem einen total hingegeben sein, nämlich das größte Gebot zu befolgen, das da heißt: *„den Herrn, deinen Gott, lieben mit deinem ganzen Herzen und mit deiner ganzen Seele und mit deinem ganzen Denken........Du sollst deinen Nächsten lieben wie dich selbst*“ (Matthäus 22,37-40). Der Teufel ist ein Lügner. Er wird uns anlügen und uns weismachen wollen, dass wir unseren Nächsten nicht lieben können. Die Wahrheit aber ist, dass wir andere nicht lieben wollen. Wir wollen uns nicht für die Liebe entscheiden, sondern wir entscheiden uns zu hassen. Die gleiche Macht in einer Person, mit der sie sich für den Hass entscheidet, ist dieselbe Macht, die sie befähigen könnte, zu lieben. Eine Person, die nicht liebt, hat sich in der Tat entschlossen zu hassen.

Gefäße der Liebe oder Gefäße des Hasses

Wollen wir ein Gefäß für die Liebe oder wollen wir ein Gefäß für Hass sein? Ich sage es noch einmal: die endgültige Entscheidung liegt bei mir. Wahrscheinlich wird ein ganzes Reich des Bösen bereit stehen, mir zu widerstehen: ein ganzes Reich böser Erinnerungen, traumatischer Erlebnisse, der eigenen Befürchtungen oder es sind andere Menschen, die lieber hassen wollen.

Wir wollen auch nicht vergessen, dass es neben all diesen Dingen auch ein wirkliches Reich gibt, das aus echten geistlichen Mächten der Finsternis besteht, die alle mit ungeheurem Hass erfüllt sind (Epheser 6,11-13). Vers 12: *„denn unser Kampf richtet sich nicht gegen Fleisch und Blut, sondern gegen die Herrschaften, gegen die Gewalten, gegen die Weltbeherrscher der Finsternis dieser Weltzeit, gegen die geistlichen Mächte der Bosheit in den himmlischen Bereichen."*
Der wahre Kampf findet im unsichtbaren Bereich statt. Jesus befiehlt uns zu lieben (Johannes 13,34). Allein daran werden die Völker erkennen, dass wir Seine Nachfolger sind (Joh. 13,35). Paulus sagte, dass jede einzelne Sache, die wir tun, in der Liebe Gottes getan werden soll (1.Korinther 16,14). Im Judasbrief, Vers 21 heißt es, dass wir uns immer in der reinen Liebe Gottes bewahren müssen. Petrus schreibt, dass wir einander beharrlich und aus reinem Herzen lieben sollen (1. Petrus 1,22). Aus dem 1. Johannesbrief 4,7-8 entnehmen wir, dass, wenn wir unseren Bruder nicht lieben, wir nicht aus Gott geboren sind. Johannes sagt ebenfalls, wenn wir unser Herz verschließen und kein Mitleid und Erbarmen zeigen, Gottes

Liebe nicht durch uns fließen kann (1. Joh. 3,17). Alle Nachfolger Jesu wissen, wie äußerst wichtig die Liebe Gottes ist, und wie wesentlich es ist, in ihr zu wandeln. Was werden wir mit diesem Ultimatum, einander zu lieben, tun? Werden wir gehorsam sein, oder werden wir dem Bösen erlauben, uns zu vernichten, indem wir diesem ewigen Gesetz unseres Königs nicht gehorsam sind? (Jakobus 2,8: *„Wenn ihr das königliche Gesetz erfüllt nach dem Schriftwort: Du sollst deinen Nächsten lieben wie dich selbst, so tut ihr recht"*; (und auch Galater 5,14-15).

So viele Familien könnten eine so herrliche Lebensfreude erfahren, wenn sie einander nur alle lieben könnten! Im Leben dreht sich alles um die Liebe, und die Liebe ist der Schlüssel zum Leben. Gott gebietet uns zu lieben, so dass wir Seine Schöpfung genießen und Ihn erleben könnten. Die ganze Menschheit hat ein tiefes Verlangen in ihrem Herzen, und dies ist eine tiefe Sehnsucht, wirklich wahre Liebe zu erleben. Die Mehrheit der Christen, die sich weltweit zu Gottesdiensten versammelt, hat niemals auch nur einmal ihren irdischen Vater sagen hören: „Ich liebe dich." Es herrscht heutzutage weltweit ein so ungeheures Defizit an Liebe, und jetzt ist die Zeit gekommen, dieses Defizit mit der reinen Liebe Gottes auszufüllen. Mein lieber Bruder, meine liebe Schwester, wirst du ein Teil der Lösung oder ein Teil des Problems sein? Wirst du die Versorgung mit dem Geist Jesu Christi durch dein Leben hindurch in die Wege leiten (Philipper 1,19), oder wirst du von der Finsternis, die dich völlig umgibt, überwunden werden? Die Gemeinde Jesu sollte doch ein Wohnort sein für eben diese Gegenwart Gottes, wo die Liebe des Herrn Jesus jeden Gläubigen erfüllt (Epheser 1,22-23; 3,15-20). Die Liebe des allmächtigen Gottes ist in die Herzen der Christen ausgegossen worden; aber so oft wird sie nicht freigesetzt wegen des Steins der Furcht (Römer 5,5). Da gibt es Ströme lebendigen Wassers, die bereit sind, über eine ausgetrocknete, durstige Welt zu fließen, einer Welt, die nach Liebe hungert (Joh. 7,37-39). Willst du, lieber Bruder, liebe Schwester, ein Gefäß für diese wunderbare, reine Liebe Gottes sein, dass sie durch deine Lippen, Hände, Augen und deinen Leib fließt?

Christus selbst wird durch den Heiligen Geist all das sein und tun, das du nicht zu tun vermagst, wenn du Ihn lässt. Wirst du dich heute entscheiden, ein leeres Gefäß für Ihn zu sein, das Er füllen kann? Er wird deine Befleckungen abwaschen; Er wird deine Unsauberkeit reinigen; Er wird deine Verwundungen heilen, wenn du Ihn nur einladen möchtest, all das in dir zu vollbringen: *„Die Liebe hört niemals auf!“* (1.Korinther 13,8). Möchtest du zum Schluss dieses Gebet mit mir sprechen?

Lieber himmlischer Vater!

Vergib mir und reinige mich von allem Hass, den ich in meinem Herzen zugelassen habe, und der in meinem Erinnerungsvermögen steckt, ja in meiner DNA. Alles, was ich in meinem irdischen Gefäß darstelle, übergebe ich jetzt Dir. Ich vergebe jeder Person, und ich setze auch jede Person frei, die mir Deine reine Liebe nie erwiesen hat. Ich zerbreche jede Übereinkunft mit jeder Form des Hasses, einschließlich der Vorurteile, des Rassismus oder des Hasses gegen alles Schwache. Ich übergebe Dir, Heiliger Geist, meinen Leib jetzt und für immer, dass Du ihn erfüllst und gebrauchst, damit ich durch meinen Leib andere Menschen in vollkommener Weise lieben kann. Ich bin Dein Gefäß. Ich entscheide mich, in der Liebe zu bleiben, egal wie ich denken oder fühlen mag; ich entscheide mich von jetzt an für die Liebe Gottes. Fülle mich ganz neu mit dem Feuer der Liebe, das in Deinem eigenen Herzen brennt, himmlischer Vater. Ich danke Dir!

Amen

Andere Bücher von Greg Violi

Depression und Selbstbetrachtung: Heilung für den erkrankten Verstand

Dieses Buch beschreibt die Ursachen von Depression und wie die Erkrankung der Selbstanalyse Millionen von Menschen beeinträchtigt und sie damit blockiert in der Gegenwart Gottes zu leben.

Das Herz des Lammes

Eine grundlegende Offenbarung darüber, was das geistige Herz und was das Herz Gottes ist. Dieses Buch enthält viel Wahrheit über die Zerbrochenheit in dem Herzen Gottes des Vaters und wie wir dem Vater erlauben können, unsere Zerbrochenheit zu heilen. Erstaunliche Offenbarung darüber, wie und warum Gott immer auf das Herz seiner Schöpfung schaut.

Geheimnisse für eine fantastische Ehe

Dieses Buch offenbart, wie eine fantastische Ehe erfahren werden kann, denn es erklärt einen tiefgehenden Weg, wie wir im Herzen Gottes leben und wir erlauben, dass Christus im Menschen geformt wird. Greg spricht Hindernisse an, die Liebe in der Beziehung aufrecht zu erhalten und wie der Sieg erhalten wird.

Die Heilige Schönheit des Königs

Das Buch beschreibt die Schönheit der Heiligkeit, eine tiefe Offenbarung der inneren Wesen der Könige der zwei geistigen Königreiche.

Wessen Gesinnung ist in Dir?

Dieses Buch enthält eine essentielle Offenbarung des ewigen Zieles Gottes. Es zeigt auch den Unterschied zwischen der himmlischen und der irdischen Weisheit, zwischen dem himmlischen Ebenbild und dem irdischen, dämonischen Abbild, und vieles mehr.

Zu Königen und Priestern berufen

In diesem Buch gibt Greg die biblische Beschreibung der Rolle von Männern als Könige und Priester. Er spricht auch spezifische Probleme an, die Männer blockieren ihre Berufung zu erfüllen.

Die Bücher sind erhältlich unter:

www.*greg-violi.com/shop/de*

Mehr Information über Greg Violi und seinen Dienst sowie weitere Materialien (Predigten, Artikel, etc.) zu finden unter:

→ *www.greg-violi.com*
→ *www.erweckt.de*

Für die Organisation von Seminaren und Predigten nutzen Sie bitte folgende E-Mail Adresse:

→*greg.violi.ministries@gmail.com*